Originalausgabe
© 2018 Dressler Verlag GmbH, Poppenbütteler Chaussee 53, 22397 Hamburg
ellermann im Dressler Verlag · Hamburg
Alle Rechte vorbehalten
Einband und farbige Illustrationen von Ina Worms
Druck und Bindung: Livonia Print SIA, Ventspils iela 50, LV-1002, Riga, Lettland
Printed 2018
ISBN 978-3-7707-0028-8

www.ellermann.de

Maren von Klitzing

Tierische Vorlesegeschichten

Tiger, Hunde, Katzenkinder

Bilder von Ina Worms

ellermann im Dressler Verlag GmbH · Hamburg

Die Vorlese-Mitmach-Reihe

Vorlesen heißt in kleinen Geschichten die Welt entdecken. Vorlesen heißt Nähe und Geborgenheit genießen; und ganz nebenbei die kindliche Sprachentwicklung fördern. Dabei macht es Kindern Spaß, über das Gehörte zu sprechen, etwas auf Bildern wiederzuentdecken oder ihre Helden nachzuahmen. Sie wollen erzählen, entdecken und aktiv werden. Deshalb finden Sie in diesem Buch viele lustige Ideen zum Mitmachen.

Erzählen! – Rätselfragen und Gesprächsanlässe
Die Fragen mit der Sprechblase als Symbol laden zum Erzählen ein. Bei der Beantwortung geht es nie um ein Richtig oder Falsch, sondern immer darum, mit den Kindern ins Gespräch zu kommen und ihren eigenen Gedanken Raum zu geben.

Entdecken! – Suchbilder und mehr
Die Fragen und Ideen mit der Lupe als Symbol laden zum genauen Hingucken, zum Suchen und Entdecken ein. Bei manchen Fragen geht es darum, das Gehörte in den Bildern wiederzuentdecken. Andere Fragen erzählen die Geschichten weiter und beflügeln so die Fantasie.

Aktiv werden! – Kleine Bewegungsspiele und Aktionsideen
Die Ideen mit der Hand als Symbol regen zum Aktivwerden an: zum Spielen, Bewegen, Lachen und Sachenmachen. Kinder können ihren Helden zum Beispiel durch ein Klatschen zu Hilfe kommen und werden so Teil der Geschichte.

Und für alle, die noch mehr wollen, gibt es am Ende jeder Geschichte eine besondere Aktionsidee. Sie erkennen sie an diesem Schild:

Mal ist diese Idee **ein Rezept**, mal **eine Bastelidee** oder **ein Spiel**. So können Sie gemeinsam noch etwas länger in der Geschichte bleiben.

Jedes Kind ist anders ...

... und kann unterschiedlich lange zuhören. Deshalb sind die Geschichten in diesem Buch unterschiedlich lang. Die Fragen und Ideen zum Mitmachen eignen sich vor allem bei jüngeren Kindern gut dazu, sie wieder in die Geschichte zu holen.

... und hat seinen eigenen Kopf. Wählen Sie deshalb die Fragen und Mitmach-Ideen je nach Zuhörer aus. An den unterschiedlichen Symbolen erkennen Sie schnell, um was für eine Art von Frage es sich handelt.

... und jeder Vorleser auch. Entscheiden Sie selbst, ob Sie die Fragen vorlesen oder in eigene Worte fassen.

... und jede Vorlesesituation auch. Sie haben viel oder wenig Zeit, sitzen auf dem Sofa oder liegen schon im Bett. Deshalb bleibt es ganz Ihnen überlassen, wie viele und welche Fragen oder Aufgaben Sie stellen möchten. Die Geschichten können auch ganz ohne Fragen vorgelesen werden.

Inhaltsverzeichnis

Anton hat Besuch

Endlich. Endlich darf Anton Emma haben. Emma ist ein Schwein. Genauer gesagt, ist sie ein Klassenschwein. Außer Anton gehört sie noch seinen dreiundzwanzig Klassenkameraden und Frau Paule, seiner Lehrerin. Jede Woche darf eins der Kinder Emma für einen Tag mit nach Hause nehmen. Heute ist Anton an der Reihe. Darauf hat er lange gewartet.

»Viel Spaß mit Emma«, sagt Finja und überreicht ihm das Schwein. »Und pass gut auf, dass sie nicht so viel Blödsinn anstellt.«

»Keine Sorge.« Anton lacht. »Emma ist doch nur ein Stoffschwein.«

»Du wirst schon sehen«, sagt Finja und lächelt geheimnisvoll.

Anton steckt Emma in den Ranzen. Zusammen mit dem Klassentierheft. Darin sollen alle Kinder aufschreiben oder aufmalen, was sie mit Emma erlebt haben. Es sind viele Zeichnungen auf den Seiten und nur wenige Worte. Das ist kein Wunder, denn Anton ist gerade in die Schule gekommen, und da geht es mit dem Schreiben erst langsam los.

Entdeckst du
Antons Ranzen?

Zu Hause packt Anton Emma und das Klassentierheft aus. Er setzt Emma neben sich und betrachtet das Bild, das Finja gemalt hat. Darauf hat Emma eine braune Schnauze. Sie sitzt hinter einem großen Haufen Schokoladenpapier, und es liegen Spielzeugautos, CDs, Kissen, Puppen, Bauklötze, aufgeschlagene Bücher und Malstifte herum. Es sieht aus, als wäre ein Wirbelsturm durch das Kinderzimmer gefahren.

»Wer soll das denn sein?«, fragt plötzlich eine fremde Stimme. Erschrocken schaut Anton sich um. Es ist niemand in seinem Zimmer. Niemand außer ihm und Emma. »Auf der Zeichnung sehe ich viel dicker aus, als ich in Wirklichkeit bin«, beschwert sich die Stimme. »Und wieso habe ich eine braune Schnauze?«

»Bist du das, Emma?«, fragt Anton. »Seit wann kannst du sprechen?«

»Schon immer«, sagt Emma und blinzelt ihn vergnügt aus kleinen Schweinchenaugen an. »Wusstest du das nicht?«

Anton schüttelt den Kopf. »Im Klassenraum sagst du nie etwas.«

»Da schlafe ich«, sagt Emma und grunzt zufrieden. »Aber jetzt bin ich wach. Also, habe ich eine braune Schnauze oder nicht?«

»Nein, sie ist zartrosa«, antwortet Anton. »So wie es sich für ein

Kannst du auch so vergnügt blinzeln?

Schwein gehört.« Er betrachtet das Bild. »Vielleicht hat Finja sie braun gemalt, weil du ihre Schokolade gegessen hast?«

»Schon möglich«, sagt Emma. »Ich liebe Schokolade. Du hast nicht zufällig ein Stück für mich?«

»Leider nein«, sagt Anton. »Aber ich kann mal im Küchenschrank nachsehen. Warte, ich komme gleich wieder.«

»Beeile dich«, sagt Emma. »Schweine sind nicht gern allein.«

Anton geht in die Küche. Er weiß genau, wo Papa die Süßigkeiten versteckt hat. In einer Dose hinten im Schrank. Das Problem ist nur, dass Papa genau jetzt davorsteht und eine Zutat für das Mittagessen sucht.

»Na, mein Großer, hast du schon Hunger?«, fragt er, als er Anton bemerkt.

»Ähm, ja«, sagt Anton und späht in den Schrank. »Deshalb wollte ich fragen, ob ich ein Stück Schokolade haben kann?«

»Vor dem Essen?« Papa schaut ihn über den Brillenrand an. »Was hältst du davon, wenn du die Schokolade zum Nachtisch bekommst? Sonst bist du schon vor dem Essen satt.«

»Ist gut.« Anton schlendert in sein Zimmer zurück. Das war ja klar, dass Papa ihn auf später vertrösten würde.

»Oh, du bist schon zurück!«, sagt Emma und grunzt vergnügt. »Dann mal her mit der Schokolade!«

»Tut mir leid.« Anton zuckt die Schultern. »Papa ist in der Küche, und ich komme nicht an die Dose mit den Süßigkeiten ran.«

Wo würdest du etwas verstecken?

Grunze auch mal.

11

»Wo genau ist denn diese Dose?«, fragt Emma.

Anton erklärt es, und das Klassenschwein spitzt die Ohren.

»Anton, das Essen ist fertig!«, ruft Papa kurz darauf aus der Küche.

»Warte hier auf mich«, sagt Anton zu Emma. »Ich beeile mich auch mit dem Essen.«

»Einverstanden«, sagt Emma. »Ich schaue mich so lange ein bisschen in deinem Zimmer um.«

»Bis gleich!«, sagt Anton und streichelt Emma zum Abschied über das rosa Fell.

Ist Emma das einzige Stofftier im Zimmer?

Am Tisch füllt Papa die Suppe auf. Es ist eine leckere Kartoffelsuppe. Sie ist so heiß, dass Anton pusten muss, um sich nicht den Mund zu verbrennen. Gerade als er den Löffel zum Mund führen will, kommt etwas ganz leise in die Küche getrippelt. Anton verschluckt sich fast. Was macht Emma denn hier?

»Und wie war es in der Schule?«, fragt Papa, der mit dem Rücken zur Tür sitzt.

»Gut«, sagt Anton und versucht, Emma im Auge zu behalten. Sie ist inzwischen beim Küchenschrank angelangt. Mit ihrer Schnauze öffnet sie die Tür. Dann ist sie auch schon hineingeschlüpft. »Oh, verflixt«, murmelt Anton und verschüttet etwas Suppe.

»Ziemlich heiß, oder?«, fragt Papa. In diesem Moment fängt es an, mächtig im Küchenschrank zu rumpeln.

»Was ist denn das?«, fragt Papa und lässt den Löffel sinken.

»Das, ähm, ist unser Klassenschwein …«, sagt Anton. »Wahrscheinlich hat es Hunger.«

»Da ist ein Schwein im Küchenschrank?« Papa lehnt sich zurück und lacht. »Das ist die beste Erklärung, die ich je gehört habe!«

»Ich habe genau gesehen, wie es in den Schrank geschlüpft ist«, sagt Anton.

Doch da lacht Papa nur noch mehr. Er schüttelt den Kopf. »Der Küchenschrank ist so vollgestopft«, erklärt er. »Wahrscheinlich ist einfach etwas umgefallen.«

Es rumpelt erneut.

»Und wenn ein Gegenstand umkippt, stößt er den nächsten an, der ebenfalls umfällt«, erklärt Papa weiter.

Hilf Anton beim Pusten.

Anton sagt nichts. Denn nun steckt Emma ihre schokoladenverschmierte Schnauze heraus. Wie ein kleiner Hund wittert sie, ob die Luft rein ist. Dann trippelt sie ebenso flink, wie sie gekommen ist, in Antons Zimmer zurück.

»Womit fange ich am besten beim Sortieren an?«, überlegt Papa laut. »Mit den Gewürzen oder den Gläsern?« Anton isst seine Suppe schnell auf. Er hat es ziemlich eilig, in sein Zimmer zu kommen. »Und was ist mit der Schokolade?«, fragt Papa verwundert. »Möchtest du jetzt doch keinen Nachtisch?«

»Nein danke«, sagt Anton. »Ich bin satt.«

»Alles klar!«, sagt Papa. »Dann knöpfe ich mir mal den Küchenschrank vor.«

Was ist dein Lieblingsnachtisch?

Als Anton in sein Zimmer kommt, liegen alle seine Bücher aufgeschlagen auf dem Teppich verstreut. Und seine Malstifte auch. Emma sitzt vor den Seiten und kritzelt darin herum.

»Was machst du da?«, fragt Anton. »Du kannst doch nicht einfach in meine Bücher malen?«

»Warum denn nicht?«, fragt Emma zurück und lässt den Stift fallen, den sie mit der Schnauze gehalten hat.

»Die Bilder in den Büchern sehen langweilig aus. Ich habe ein paar Schweine hineingemalt. Weil Bilder mit Schweinen viel schöner sind.«

Anton betrachtet die Zeichnungen. »Dieses Krickelkrakel soll ein Schwein sein?«

»Dann mal du doch eins, wenn du es besser kannst«, sagt Emma und rümpft beleidigt die Schokoschnauze.

14

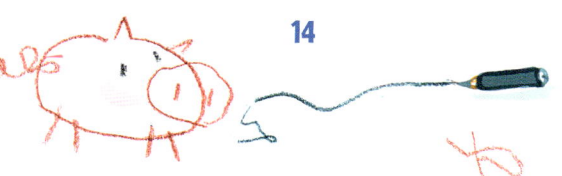

Anton greift sich einen Stift und malt ein kleines Ferkel. »Oh, jetzt habe ich auch in mein Buch gemalt«, sagt Anton und kichert. Emma kichert auch. Als Nächstes holen sie die Legosteine hervor und die Spielzeugautos und die Bauklötze. Daraus bauen sie eine Stadt mit vielen Straßen für die Autos. Mittendrin hat Emma eine neue Idee. »Jetzt spielen wir Gespenster!«, verkündet sie. Mit der Schnauze zieht sie das Bettlaken ab und schlüpft darunter. Das kleine Schweinegespenst pest kreuz und quer durch das Zimmer. Anton muss lachen und lachen, weil es so lustig aussieht.

Irgendwann schaut Papa herein. Da versteckt sich Emma schnell in der Legokiste.

»Meine Güte, was ist denn hier passiert?«, fragt Papa.

»Das war das Klassenschwein«, sagt Anton und fügt etwas leiser hinzu. »Und ich war es auch.«

»Schon wieder dieses Klassenschwein?«, fragt Papa kopfschüttelnd. »Ich muss wohl mal mit deiner Lehrerin sprechen. Denkst du bitte auch an deine Hausaufgaben?«

Entdeckst du noch andere Spielsachen?

»Ach, stimmt ja«, sagt Anton. Papa geht in sein Arbeitszimmer zurück, und Anton schlägt das Klassentierheft auf. Er will aufmalen, was er mit dem Klassentier erlebt hat. Anton malt Emma mit einer braunen Schokoladenschnauze. Und auf dem Bild sieht es aus, als wäre ein Wirbelsturm durch das Kinderzimmer getobt.

Am nächsten Morgen überreicht Anton seiner Lehrerin das Klassenschwein. Heute ist sie an der Reihe, Emma mit nach Hause zu nehmen.

»Unser Klassenschwein mag sehr gern Schokolade«, sagt Anton zu Frau Paule. »Aber lass es besser nicht allein.«

»Warum denn nicht?«, fragt sie lachend zurück. »Das ist doch nur ein Stofftier.«

»Du wirst schon sehen«, sagt Anton geheimnisvoll. Er ist gespannt, was für ein Bild morgen im Klassentierheft zu sehen sein wird.

Welches Tier hättest du gern zu Gast?

WAS HAST DU MIT DEINEM STOFFTIER ERLEBT?

Hast du auch ein Stofftier? Dann überlege dir, was du mit ihm erleben würdest, wenn es sprechen könnte. Male ein Bild und erzähle die Geschichte.

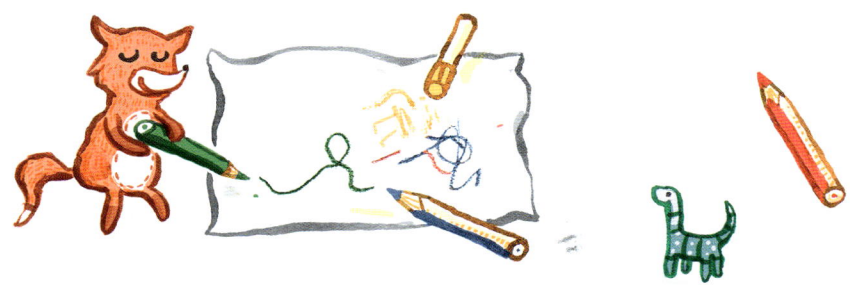

Kennst du den Winter?

Baldo war ein kleiner Braunbär. Er lebte mit seiner Mama und seinen Geschwistern Bodo und Berta in einer Höhle im tiefen, tiefen Wald. Vor dem Einschlafen kuschelte sich die Bärenfamilie eng aneinander. So machten sie es immer, seitdem der Sommer vorüber war und es mit jedem Tag kälter wurde.

»Schlaf schön, Baldo«, sagte Mama Bär und legte ihre Tatze auf Baldos Bauch. Eine Weile lauschten sie dem Wind, der draußen um die Bäume pfiff und eisige Kälte verbreitete. In ihrer Höhle war es warm und gemütlich, denn Mama Bär hatte sie mit Laub und Gräsern ausgepolstert. Zum Glück.

»Und wann kann ich wieder aufstehen?«, fragte Baldo.

»Im Frühling, wenn es draußen hell und sonnig ist und die Bienen summen«, antwortete Mama Bär. »Dann zeige ich dir, wie du auf Bäume klettern und Honig finden kannst.«

Auf einmal war Baldo hellwach. »Im Frühling?«, fragte er. »Und was ist jetzt?«

Lege dir eine Hand auf den Bauch!

»Jetzt beginnt der Winter, und wir schlafen fünf Monate, bis der Frühling kommt«, sagte Mama Bär müde.

»Was, so lange? «, entgegnete Baldo. »Und bis dahin soll ich nichts anderes machen als schlafen?«

»Das machen alle Bären so«, sagte Mama Bär. »Im Frühling wachen wir wieder auf. Und jetzt mach deine Augen zu.«

Aber Baldo war kein bisschen müde. Stattdessen fasste er einen Plan. Als er das leise Schnarchen seiner Mama hörte, stupste er seine Geschwister an. »Habt ihr schon mal den Winter gesehen?«

»Wie, was?«, fragte Berta mit schläfriger Stimme. »Nein, warum denn?«

»Weil wir ihn noch nicht kennen«, sagte Baldo. »Oder weißt du etwa, wie er aussieht?« Er bekam keine Antwort. »Berta?« Aber Baldo hörte nur ihre tiefen Atemzüge, und da wusste er, dass sie eingeschlafen war.

»Und du, Bodo?« Baldo zupfte seinen Bruder am pelzigen Ohr. »Kennst du ihn?«

»Baldo, du nervst«, knurrte Bodo. »Mich interessiert dieser Winter nicht die Bohne. Ich bin ein Bär und möchte jetzt schlafen.«

»Wie du willst«, sagte Baldo und stand auf. »Dann besuche ich den Winter eben alleine.« Leise stahl er sich davon.

Schnarche auch mal wie ein Bär!

Als er seine Schnauze aus der Höhle steckte, staunte er nicht schlecht. Alles sah ganz anders aus. Eine dichte, weiße Decke hatte sich über Erde, Bäume und Sträucher gelegt. So etwas hatte Baldo noch nie zuvor gesehen. Es war hell, obwohl es Nacht war, denn am Himmel leuchteten tausend Sterne. Er erreichte eine Lichtung. Dort hatten sich ein paar Waldtiere an einer Futterkrippe versammelt.

»Hallo zusammen«, rief Baldo. »Kann mir jemand sagen, wo der Winter wohnt?«

Die Tiere schauten sich an und begannen zu kichern.

»Der Winter ist ganz in der Nähe«, sagte das Eichhörnchen. Es zeigte auf eine hochgewachsene Buche. »Wenn du da raufkletterst, kannst du ihn sehen.«

»Dazu muss ich ganz nach oben klettern?« Baldo beäugte den Baum. Je länger er das tat, desto weicher wurden seine Knie. Noch nie war er so hoch hinaufgeklettert. Genau genommen war er überhaupt noch nie geklettert. Er war ja noch klein.

»Von oben siehst du ihn am besten«, sagte das Reh und zwinkerte den anderen Tieren zu.

Welche Tiere siehst du?

»Na gut«, seufzte Baldo und begann, sich an den Ästen hochzuziehen. Die Rinde war glatt, und es war schwierig, sich daran festzuhalten. Immer wieder rutschte er ab. Doch Baldo kletterte weiter, bis er es geschafft hatte. Als er oben angekommen war, umklammerte er ängstlich den Stamm, der an der Baumspitze ganz dünn geworden war. Wie ein Pendel bewegte sie sich hin und her, und der Wind heulte dem kleinen Bären um die Ohren.

»Wo ist denn nun dieser Winter?«, fragte Baldo in die dunkle Nacht hinein. Er hatte geglaubt, ein kleines Häuschen zu finden, in dem ein alter Mann mit einem Bart wohnte. Oder war der Winter eine Frau? »Hallo, Winter, komm raus und zeige dich!«, rief Baldo. Da steckte eine kleine Blaumeise den Kopf aus einem Loch im Baum. »Siehst du ihn nicht?«, fragte sie. »Der Winter ist doch überall.«

Baldo sah sich um. »Ich weiß nicht, was du meinst.«

»Überall liegt Schnee«, sagte die Blaumeise. »Die Laubbäume haben ihre Blätter verloren und sind kahl. Die Waldtiere versammeln sich an der Futterkrippe. Und wenn du in die Ferne schaust, kannst du die Lichterketten erkennen, mit denen die Menschen ihre Häuser und

Ist die Blaumeise das einzige Tier im Baum?

Gärten geschmückt haben. Das machen sie nur im Winter, wenn es schon nachmittags dunkel wird.«

»Dann ist das alles der Winter?«, fragte Baldo.

»Genau!« Die Blaumeise nickte.

»A…alles klar«, sagte Baldo mit klappernden Zähnen, denn er fror trotz seines warmen Fells. »Auf jeden Fall ist der Winter ziemlich kalt.« Auf einmal sehnte sich der kleine Bär nach seiner warmen Höhle und nach seiner Familie. »Ich gehe nach Hause«, sagte er. Beim Herunterklettern rutschte er ab und fiel in den Schnee. »Na, so was!«, staunte er. »Das tut ja überhaupt nicht weh!« Da kletterte Baldo noch einmal hinauf und sprang in den weichen Schnee. Das tat er noch mal und noch mal. Dabei wurde ihm wieder warm. Er spielte so lange im Schnee, bis er müde war. Dann tapste er zurück zur Bärenhöhle und legte sich schlafen. Als der Frühling kam, wunderte sich seine Mama, wie gut Baldo klettern konnte. Er konnte es so gut, als hätte er es heimlich geübt.

Entdeckst du den Weihnachtsbaum mit der Lichterkette?

Was spielst du am liebsten im Schnee?

ACHTUNG, SCHNEESTURM!

Stell dir vor, du bist ein Bär und musst blitzartig deine Höhle aufsuchen, weil ein Schneesturm kommt. Darum geht es in diesem Spiel.

Du brauchst:

Eine ungerade Anzahl von Mitspielern – am meisten Spaß macht es, wenn ihr mindestens zu fünft seid.

So geht's:

Bei fünf Mitspielern gibt es drei Bären und zwei Späher. Solltet ihr eine größere Gruppe sein, ist es wichtig, dass es immer mehr Bären als Späher gibt. Die Späher stellen sich mit gespreizten Beinen auf. Das sind die Höhleneingänge. Nun laufen die Bären so lange herum, bis einer der Späher ruft: „Achtung, Schneesturm!" Sofort muss jeder Bär einen Höhleneingang finden und durch die gespreizten Beine des Spähers kriechen. Sobald der Bär durchgekrabbelt ist, schließt der Späher die Beine. Da es nicht genügend Höhlen gibt, muss der langsamste Bär leider draußen bleiben. Er löst in der nächsten Runde einen Späher ab. Dann geht die Höhlensuche von vorne los!

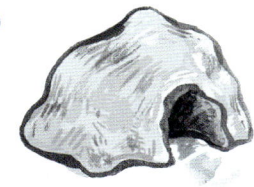

Ein kleiner Fisch für die Piratentochter

Nasrin war die Tochter der berühmten Piratin Lavinia und lebte an Bord der »Goldenen Henne«. Das war das schnellste Piratenschiff unter der Sonne, und Lavinia hatte das Kommando. Alle Kapitäne begannen zu zittern, wenn es mit gehisster Piratenflagge wie aus dem Nichts auf sie zurauschte. Nasrin liebte das Piratenleben. Aber manchmal liebte sie es auch nicht. So wie heute, als Nasrin niemanden zum Spielen hatte. Aus lauter Langweile versuchte sie, eine Schiffsratte fangen. Sie wollte sie zähmen und ein Haustier aus ihr machen. Aber die Ratte hatte wohl keine Lust dazu und türmte bei der erstbesten Gelegenheit.

»Dann eben nicht!«, schimpfte Nasrin und schaute der Schiffsratte nach, die eilig hinter zwei Fässern verschwand. Nasrin seufzte. Und was sollte sie jetzt machen? Sie sah sich um. Amanda und Leyla, die beiden anderen Piratinnen, lagen auf den Taurollen und schnarchten so laut, dass der Mast wackelte. Mit denen konnte Nasrin auch nichts anfangen. Sie bekam immer schlechtere Laune.

Das blieb ihrer Mama nicht verborgen. »Wollen wir schwimmen gehen?«, fragte sie.

»Von mir aus«, sagte Nasrin und warf einen finsteren Blick auf die spiegelglatte See. »Wasser gibt es hier schließlich genug.«

Was machst du, wenn dir langweilig ist?

Kannst du auch so laut schnarchen wie ein Pirat?

23

Sie zupfte Amanda und Leyla an den Haaren. »Was ist mit euch?«, fragte sie. »Kommt ihr mit schwimmen?«

»Wie? Was?« Leyla blinzelte verschlafen in die Sonne. »Schwimmen? Pfui Seeteufel, das Wasser ist viel zu nass!« Und sie drehte sich zur Seite und setzte ihr Schnarchkonzert fort.

»Baden?« Amanda rieb sich die Augen. »Bäh! Mir reicht es schon, dass wir uns einmal pro Woche waschen müssen.«

»Na gut, dann schwimmen Mama und ich eben allein«, sagte Nasrin, seufzte und verschwand mit ihrer Mama in der Kajüte, um sich umzuziehen. Nasrin wohnte mit ihrer Mama in einer Kajüte an Deck. Das war praktisch, denn von dort konnte Lavinia nach Schiffen Ausschau halten.

»Platsch«, machte es, als Nasrin kurz darauf von der Reling ins Wasser sprang.

»Platsch«, machte es, als Lavinia ihr folgte.

Kaum war sie ins Meer eingetaucht, fühlte sich Nasrin besser. Sie liebte es, im Meer zu schwimmen. Aber das Tauchen gefiel ihr fast noch besser. Unter Wasser wuchsen

Was siehst du, wenn du aus deinem Zimmerfenster schaust?

seltsame Pflanzen, und auf dem Meeresgrund lagen silbern schimmernde Muscheln. Am schönsten aber waren die Fische, die in großen Schwärmen durch das Meer zogen. Sie konnte sich kaum sattsehen an ihnen, so bunt und schillernd waren sie.

Später, als sie sich mit ihrer Mama an Deck von der Sonne trocknen ließ, hatte Nasrin eine Idee. »Mama, kann ich nicht einen Fisch haben?«, fragte sie. »Dann hätte ich endlich ein Haustier und bräuchte mich nie mehr zu langweilen.«

»Na gut, wenn du unbedingt willst«, sagte Lavinia. »Du musst aber versprechen, dass du dich selbst um den Fisch kümmerst.«

»Kein Problem«, sagte Nasrin.

Schon am gleichen Abend holte Amanda ihr mit dem Kescher einen kleinen Fisch aus dem Meer. Er war gelb mit schwarzen Punkten. Nasrin tat ihn in einen Eimer, den sie mit Wasser gefüllt hatte, und nannte ihn Hugo. Sie verbrachte Stunden damit, ihm

Entdeckst du die zwei Fische mit dem gleichen Muster?

25

beim Schwimmen zuzusehen. Hugo flitzte in seinem Eimer hin und her, tauchte auf und tauchte ab. Doch schon am zweiten Tag wurde er langsamer. Und nach zwei weiteren Tagen schwamm er überhaupt nicht mehr, sondern trieb träge auf dem Grund des Eimers.

»Was hat er bloß?«, fragte Nasrin ihre Mama. »Hugo schwimmt gar nicht mehr.«

»Vielleicht hat er Hunger«, sagte Lavinia. »Hast du ihn schon gefüttert?«

»Natürlich habe ich das«, sagte Nasrin.

Die ganze Piratenmannschaft beugte sich über den Eimer und rätselte, was Hugo wohl hatte.

»Vielleicht vermisst er die Wellen«, sagte Amanda. Sie nahm den Eimer in die Hände und schaukelte ihn so wild, dass das Wasser beinahe über den Rand schwappte.

Aber auch das half nicht.

»Hmm.« Leyla strich sich nachdenklich über das Kinn. »Könnte es sein, dass sich dein Fisch langweilt?«

»Aber er hat doch genug Platz zum Spielen«, sagte Nasrin.

»Tja«, sagte Amanda. »Aber vielleicht vermisst er seine Freunde.«

»Ich glaube, du hast recht«, sagte Nasrin traurig. Sie nahm den Eimer und kippte den Fisch in das Meer zurück. Hugo machte ein paar Luftsprünge vor Freude, dann tauchte er unter und war nicht mehr gesehen.

»Das war's dann wohl mit meinem Haustier«, sagte Nasrin und wischte sich ein paar Tränen aus dem Gesicht.

Hilf Amanda und tu so, als würdest du den Eimer schwenken.

Doch da hatte Amanda eine Idee. »Komm mal mit«, sagte sie zu Nasrin. »Ich muss dir was zeigen.« Ihre Kajüte lag unten im Bauch des Schiffes. Dorthin führte sie Nasrin. »In meiner Kajüte gibt es ein Bullauge«, sagte Amanda. »So nennt man die Fenster in einem Schiff.« Weil die Kajüte ganz unten im Schiff lag, sah man durch das Fenster direkt ins Meer. Und vor dem Bullauge schwammen viele, viele Fische umher. Nasrin entdeckte sogar Hugo und winkte ihm zu. »Wenn du willst, kannst du meine Kajüte bekommen«, sagte Amanda. »Ich nehme dann einfach eine andere.«

Das war eine glänzende Idee, fand Nasrin. Von nun an konnte sie immer die Tiere des Meeres beobachten. Und als Lavinia mit ihren Piratinnen einmal an Land ging, brachte sie eine kleine Katze mit. Die schenkte sie ihrer Tochter. Und wenn sie nicht gestorben sind, so sitzen Nasrin und ihre Katze noch heute vor dem Bullauge und schauen den vielen bunten Fischen im Meer beim Schwimmen zu.

Welche Tiere entdeckst du noch vor dem Fenster?

AQUARIUM

Du brauchst nicht auf einem Piratenschiff zu leben, um viele bunte Fische zu beobachten. Bastele dir einfach dein eigenes Aquarium mit lustigen Meerestieren.

Du brauchst:

Einen Schuhkarton
Tonpapier
Blaues Papier (kann auch Tonpapier sein)
Schere
Wachsmalkreiden, Farbstifte oder Tuschkasten
Kleber
Faden
Tesafilm
Locher

So geht's:

Kleide den Karton zunächst mit dem blauen Papier aus, oder male ihn mit Tuschfarben blau an. Stelle den Karton auf, die Öffnung muss nach vorn schauen. Zeichne den Umriss eines Fisches auf das Tonpapier und schneide ihn aus. Stanze mit dem Locher ein Loch in die obere Flosse oder den Rücken des Fisches. Jetzt kannst du deinen Fisch bunt anmalen oder bekleben. Wenn der Fisch fertig

ist, führe den Faden durch das Loch und hänge den Fisch an der schmalen Oberkante des Kartons auf. Je mehr Fische du aufhängst, desto voller und bunter wird dein Aquarium.

Einstein, der Nachbarshund

Einstein ist ein netter Hund mit schwarz-weißem Zottelfell. Einer, der vor Freude wild herumspringt, wenn er zu einem Spaziergang abgeholt wird. So wie heute, als Sophie und Marie vor der Tür stehen. Sophie und Marie sind Schwestern und wohnen nebenan. »Dürfen wir mit Einstein spazieren gehen?«, fragen sie, als Lisa ihnen öffnet. Lisa hat es gut, ihr gehört Einstein. Marie und Sophie hätten auch gern einen Hund, aber Mama und Papa sagen immer, einen Nachbarshund zu haben, sei eigentlich viel besser.

»Von mir aus gern«, sagt Lisa. »Aber kommen eure Eltern nicht mit?«

»Leider nein«, sagt Sophie. »Mama muss arbeiten, und Papa ist schnell noch zum Einkaufen gegangen.«

»Hmm.« Lisa wirft einen Blick auf Einstein, der aufgeregt im Kreis läuft und es kaum erwarten kann, nach draußen zu kommen.

»Einstein ist ein lieber Hund«, erklärt Lisa. »Aber er ist auch sehr stark. Seid ihr sicher, dass ihr die Leine festhalten könnt?«

»Das haben wir doch schon oft gemacht«, sagt Marie. »Wir haben ihn ganz allein gehalten.«

»Na gut«, sagt Lisa. »Geht jedoch vorsichtshalber nicht zu weit.«

»Alles klar«, sagt Marie und streichelt Einstein über das Fell. Lisa macht den Hund an der Leine fest

30

und übergibt sie Sophie, die ein Jahr älter ist als Marie. Doch Marie möchte natürlich auch gern die Leine halten. Kaum sind sie draußen, stupst sie ihre Schwester an. »Lass mich mal.«

Einstein zieht Sophie zum nächsten Baum, an dem er jetzt erst mal schnuppern möchte.

»Gleich«, antwortet Sophie. »Wenn wir im Park sind, kannst du die Leine haben.«

»Im Park?«, fragt Marie. »Wir sollen doch nicht so weit gehen.«

»Aber sonst haben wir noch weniger Zeit mit Einstein«, sagt Sophie.

Das wäre natürlich blöd, das muss Marie zugeben. Also trabt sie neben Sophie her. Einstein hat es mächtig eilig, in den Park zu kommen. Er zieht so stark an der Leine, dass Sophie und Marie immer schneller laufen müssen.

Was ist der kürzeste Weg zum Park?

Hilf Sophie und rufe laut: »Stopp, Einstein, nicht so schnell!«

»Aber jetzt«, sagt Marie atemlos, als sie den Park erreicht haben. »Jetzt kann ich die Leine doch haben.«

»Nein, noch nicht. Einstein ist viel zu wild«, sagt Sophie. Sie stemmt die Füße fest in den Boden und umklammert die Leine mit beiden Händen. »Stopp, Einstein, nicht so schnell!«

»Das ist ungerecht«, sagt Marie. »Ich kann die Leine genauso gut halten wie du.«

»Na gut«, seufzt Sophie, »hier hast du sie.« Aber da reißt Einstein sich los. Am Ende der Wiese hat er seine Hundefreunde entdeckt. Da will er hin, jetzt und sofort. Er rennt los, und seine Schlappohren flattern im Wind. »Bleib hier, Einstein!«, ruft Sophie ihm nach.

»Oh nein!« Marie schaut ihm hinterher. »Und wenn er nicht wiederkommt?«

»Quatsch, wir fangen ihn wieder ein«, sagt Sophie. Und schon laufen sie Einstein hinterher.

»Ist das euer Hund?«, fragt eine Frau, die ihrem Hund beim Spielen zusieht.

»Unser Nachbarshund«, erklärt Sophie. »Er ist uns weggelaufen.«

»Verstehe«, sagt die Frau. »Ich glaube, er will noch ein bisschen spielen. Wollen wir ihm nicht die Leine abnehmen?«

»Aber wie denn?«, fragt Marie.

»Wartet mal.« Die Frau pfeift ihren Hund herbei, und mit ihm kommt auch Einstein zu ihnen. Schwanzwedelnd begrüßt er die Mädchen. Die Frau nimmt ihm die Leine ab. »Seht ihr, das ging ganz einfach.« Schon saust Einstein mit dem anderen Hund wieder los. Sie jagen über die Wiese und kläffen dabei vor Freude.

»Ich glaube, wir müssen allmählich zurück«, sagt Sophie nach einer Weile.

»Kein Problem.« Die Frau pfeift noch einmal, und als die Hunde diesmal zu ihnen kommen, nimmt sie Einstein schnell an die Leine. »Wer will die Leine halten?«

»Ich!«, ruft Marie. Auf dem Rückweg läuft Einstein brav neben ihr her. Sie wusste es ja, dass sie ihn allein festhalten kann.

Welcher Hund ist größer, Einstein oder der andere Hund?

Kannst du dir denken, weshalb Einstein so brav ist?

33

KLEINER FALTHUND

Dieser kleine Hund läuft dir garantiert nicht weg!

Du brauchst:

Ein Stück Papier, 10 × 10 cm groß.
Buntstifte

So geht's:

Lege das Papier so vor dich hin, dass es mit einer Spitze
nach vorne zeigt. Falte es zur Mitte.
Falte rechts und links die Hundeohren.
Für die Hundeschnauze falte die obere Spitze nach oben.
Falte nun die Spitze nach unten.
Falte die hintere Papierspitze nach innen.
Zeichne mit einem Stift die Hundeaugen
und die Schnauze ein.
Fertig ist dein kleiner Hund.

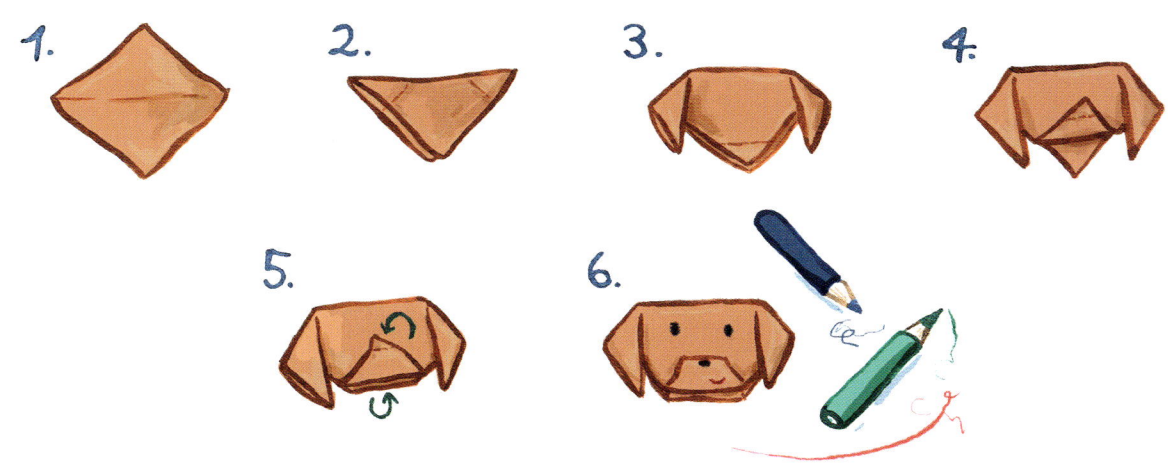

Henry Hasenfuß

Henry war ein ängstlicher Hase, ein richtiger kleiner Hasenfuß. Am liebsten blieb er Tag und Nacht in seinem Versteck, denn er fürchtete sich vor allen wilden Tieren im Wald.

»Henry, willst du nicht auch spielen gehen?«, fragte seine Hasenmama. »Deine Geschwister sind längst auf der Wiese.«

»Und wenn der Fuchs kommt?«, fragte Henry, und seine Stimme zitterte. »Was mache ich dann?«

»Dann rennst du blitzartig weg und schlägst einen Haken«, antwortete seine Mama. »Du bist doch viel flinker als der Fuchs.«

»Und wenn nicht?«, fragte Henry, und sein Hasenherz schlug schnell. Er duckte sich unter die Äste des Busches, in dem er mit seiner Familie wohnte. Es wurde Herbst, und einige Blätter waren schon abgefallen. Den anderen Hasen machte es nichts aus, aber Henry mochte es gar nicht, wenn der Wind durch die Äste pfiff und fremde, wachsame Augen ihn entdecken konnten.

»Henry, du kannst dich nicht dauernd verkriechen!«, sagte die Hasenmama mit energischer Stimme. »Eines Tages musst auch du hinaus in die Welt.«

»Oje«, murmelte Henry. Und er kniff vor Furcht die Augen zusammen.

Der Tag kam schneller, als Henry es sich hätte träumen lassen. Am Ende des Sommers begann nämlich die Hasenschule. Und weil der

Was machst du, wenn du Angst hast?

Kneife auch die Augen zusammen!

Wald und die Hasenwiese groß waren und sehr viele Hasen darin lebten, war der Schulweg lang. Er führte an Wiesen mit frischen Wildkräutern entlang, über gluckernde Bächlein und vorbei an Schatten spendenden Bäumen. Alle Hasenkinder, bis auf Henry, freuten sich darauf, unterwegs zu spielen, zu plaudern und an köstlichen Kräutern zu knabbern. Nur Henry klappte die Hasenohren zu, wenn seine Geschwister davon redeten, und wollte von allem nichts wissen.

Eines Tages war es so weit: Alle Hasenkinder versammelten sich auf der Wiese. Sie trugen ihre Ranzen auf dem Rücken und konnten es kaum erwarten, dass es losging. Henry war der Einzige, der sehnsüchtig zu seiner Mama schielte.

»Was hast du?«, fragte Henrys Schwester Betti. Sie stupste ihn freundlich mit der Schnuppernase an. »Bist du denn gar nicht neugierig, wie es in der Schule sein wird?«

»Kein bisschen«, sagte Henry. »Ich habe viel zu große Angst vor dem Schulweg!«

»Aber warum denn?«, fragte Betti zurück.

»Weil wir auf gefährliche Tiere treffen könnten«, sagte Henry, »oder uns verlaufen im riesigen Wald.«

»Du bist so ein Hasenfuß, Henry«, sagte Betti kopfschüttelnd. »Uns wird nichts passieren. Außerdem sind wir nicht allein. Komm jetzt, es geht los!«

Wie viele Hasenkinder zählst du?

Welche Waldtiere kennst du?

Zögernd hoppelte Henry seinen Geschwistern und den anderen Hasenkindern hinterher.

Hinter der Wiese begann der Wald, und Henry schaute sich ängstlich nach allen Seiten um. Zunächst fiel ihm nichts Verdächtiges auf, doch dann erblickte er neben einer stattlichen Buche eine große Pfütze. Darin suhlte sich eine Wildschwein-Mama mit ihren Frischlingen. Sie legten sich in den Matsch und wälzten sich behaglich hin und her. Oje, dachte Henry. Wildschwein-Eltern konnten sehr ungemütlich werden, wenn man sie störte, davon hatte er schon oft gehört. Zum Glück fiel ihm ein, was seine Mama ihm geraten hatte. Er drehte um und rannte fort. Da er als Schlusslicht hinter den anderen Hasen herlief, bemerkten sie gar nicht, dass Henry weg war. Sie hoppelten vergnügt weiter.

»Guten Tag zusammen, schönes Wetter heute, nicht wahr?«, begrüßte Betti die Wildschwein-Familie.

»Guten Tag, ihr Hasen!«, antwortete die Wildschwein-Mutter und grunzte freundlich. »Erster Schultag heute? Viel Spaß!«

»Danke«, riefen die Hasenkinder und liefen weiter.

Weißt du noch, was das war?

Henry war tief in den Wald geraten. Immer wieder hatte er Haken geschlagen, um die Wildschweine abzuschütteln. Nun sah er den Weg vor lauter Bäumen nicht mehr. Außerdem musste er sich setzen, um zu verschnaufen. Da erblickte er einen kleinen, runden Stein. Erschöpft ließ er sich darauf nieder. Im nächsten Moment erstarrte Henry, denn der Stein war nicht kalt und hart, sondern warm und weich. Und: Er lebte!

»Uuaaah!«, machte Henry und sprang einen Satz nach vorn.

»Uaaahh!«, machte der Stein.

Henry wollte weglaufen, doch da rief eine Stimme: »Warte, bleib hier! Ich tu dir nichts!«

Rufe laut »Uuaaah!«

Er drehte sich um. Der Stein war gar kein Stein, sondern ein Kaninchen. Es lächelte ihn freundlich an. »Hast du mir einen Schrecken eingejagt!«

»Und du mir erst!«, entgegnete Henry. »Was machst du hier so alleine im Wald?«

»Ich heiße Filippa und wohne hier«, sagte das Kaninchen. »Und du?«

»Mein Name ist Henry«, sagte Henry. »Ich war auf dem Schulweg und bin vor den gefährlichen Wildschweinen geflohen.« Er sah sich um. »Wo wohnst du denn?«

»Wir haben unseren Bau unter der Erde«, erklärte Filippa. Sie zeigte auf ein Erdloch. »Hier geht es hinein, wenn man in unsere Höhle will.«

»Unter der Erde?«, fragte Henry. »Darf ich mir das mal ansehen?«

»Klar, aber du musst den Bauch einziehen, sonst passt du nicht hinein«, sagte Filippa. »Wir Kaninchen sind kleiner als ihr. Mir nach!« Henry hielt die Luft an und quetschte sich in den Kaninchenbau. Oh, wie schön er es hier fand! Die Gänge führten zu Kammern, in denen es warm und gemütlich war. Hier gab es keinen Wind, und niemand konnte ihn von außen sehen.

»Bekommt ihr oft Besuch vom Fuchs?«, fragte Henry nach. »Oder von anderen Tieren?«

»Blödsinn, die passen doch gar nicht durch den Gang«, erklärte Filippa.

Henry war begeistert, als er das hörte. »So ein Zuhause möchte ich auch haben«, sagte er. »Zeigst du mir, wie man so etwas baut?«

»Kein Problem«, sagte Filippa. »Komm, wir gehen nach draußen und suchen ein Plätzchen. Dann können wir loslegen.« Das ließ Henry sich nicht zweimal sagen. Filippa zeigte ihm, wie er mit den Pfoten Erde wegschaufeln konnte. So lange, bis erst ein Loch und schließlich ein Gang entstanden. Henry, der größere Vorderpfoten als das Kaninchen hatte, brauchte nicht lange, bis er sich unter die

Fällt dir noch ein anderer Unterschied zwischen Kaninchen und Hasen ein?

Kannst du vormachen, wie Filippa mit den Vorderpfoten buddelt?

Sind noch andere Tiere auf der Wiese?

Erde gegraben hatte. Er war so vertieft in die Arbeit, dass er nicht merkte, wie die Zeit verging. »Musst du gar nicht nach Hause?«, fragte Filippa. »Es wird schon dunkel.«

»Stimmt«, sagte Henry. Zufrieden klopfte er sich die Erde von den Pfoten. »Morgen komme ich wieder und bringe meine Familie mit«, sagte er.

»Super, dann werden wir Nachbarn«, entgegnete Filippa. Henry nickte und hoppelte ein Liedchen pfeifend davon. Er war so glücklich, dass er ganz vergaß, ängstlich zu sein. Als er zur Wiese vor dem Hasenversteck kam, erblickte er die ganze Hasenfamilie. Irgendwas suchten sie. Doch nicht etwa ihn? Schnell hoppelte Henry auf sie zu. »Guten Abend zusammen!«, rief er vergnügt.

»Henry, du lieber Himmel, wo warst du denn?«, fragte die Hasenmama. »Wir haben uns schreckliche Sorgen gemacht.«

40

»Wieso denn?«, fragte Henry. »Ich habe uns nur ein neues Zuhause gebaut. Morgen zeige ich es euch, aber jetzt habe ich Hunger.« Mit diesen Worten stürzte sich Henry auf die Gräser, die auf der Wiese wuchsen. Alle wunderten sich, denn er sah sich kein einziges Mal ängstlich um, so glücklich war er. Als er satt war, legte er sich schlafen, denn er war so müde wie schon lange nicht mehr.

Am nächsten Tag führte er seine Familie zu dem Bau im Wald. »Hier können wir wohnen«, sagte Henry. »Es ist warm und gemütlich und absolut sicher.«
Staunend untersuchten die anderen Hasen die Gänge und Kammern.
»Wie hast du das bloß gemacht?«, fragte Betti ihren kleinen Bruder.
»Ganz einfach«, sagte Henry. »Mit meinen Hasenpfoten.« Von da an nannte ihn niemand mehr einen Hasenfuß. Sondern alle sprachen nur noch von Henry mit den kräftigen Pfoten.

Fällt dir noch ein Name für einen ängstlichen Hasen ein?

MÖHRENSALAT

Alle Hasen und Kaninchen mögen Möhren. Wetten, auch dir schmeckt dieser erfrischende Möhrensalat?

Du brauchst:

Zwei Möhren
Einen Apfel
Eine halbe Zitrone
Eine Reibe
Einen Kartoffelschäler
Ein Messer

So geht's:

Schnapp dir einen Erwachsenen und lass dir beim Zubereiten helfen. Schäle die Karotte und den Apfel mit dem Kartoffelschäler. Reibe das Gemüse über der Reibe in einen tiefen Teller. Zerquetsche die halbe Zitrone darüber und vermische alles miteinander. Guten Appetit!

Das Sockentier

»Lena, kommst du? Wir müssen los!«, ruft Mama. Sie steht im Flur und wartet darauf, dass Lena sich endlich die Schuhe und ihre Jacke anzieht. Mama will Lena auf dem Fahrrad in die Kita bringen, so wie sie es jeden Morgen tut. Aber Lena lässt sich nicht blicken. Seufzend zieht Mama ihre Stiefel aus und geht zum Kinderzimmer zurück, um nachzusehen, wo Lena bleibt. Da sitzt sie auf dem Teppich zwischen all ihren Socken, Strümpfen und Strumpfhosen. Nur auf ihrem rechten Fuß trägt sie eine rot gepunktete Socke.
»Oje, was ist denn hier passiert?«, fragt Mama, als sie den Sockenberg und die leere Schublade sieht, die umgekippt vor Lena liegt.

Welche Socken passen zusammen?

»Ich kann die zweite Socke mit den Punkten nicht finden«, sagt Lena unglücklich. »Die ist einfach weg.«

»Und wenn du dir andere Socken anziehst?«, schlägt Mama vor. »In der Kita warten schon alle auf dich, und ich müsste auch langsam zur Arbeit.«

Aber da schüttelt Lena energisch den Kopf. »Das geht auf gar keinen Fall«, sagt sie. »Ella und Carlotta ziehen heute auch ihre Pünktchensocken an.«

»Hm, verstehe«, sagt Mama. »Aber vielleicht hat das Sockentier die Socke gegessen?«

»Was für ein Tier?«, fragt Lena erstaunt.

»Das Sockentier«, wiederholt Mama. »Kennst du es nicht? Es lebt in der Waschmaschinentrommel und frisst dauernd unsere Socken auf. Aber von jedem Paar immer nur eine.«

Lena läuft ins Badezimmer. Mama kommt hinterher. Zuerst schauen sie im Wäschekorb nach, dann spähen sie in die Wäschetrommel der Waschmaschine. »Wie sieht denn das Sockentier aus?«, fragt Lena. »Ist es groß oder klein?«

»Ganz genau weiß ich es nicht«, sagt Mama. »Niemand hat es jemals gesehen. Aber wenn es deine Socke verputzt hat, fürchte ich, musst du andere anziehen. Denn dann ist die Socke wirklich weg.«

Was glaubst du, wie das Sockentier aussieht?

44

Auf einmal ist Lena damit einverstanden. »Ich erzähle Ella und Carlotta, dass unser Sockentier ganz großen Hunger hatte.« Schnell läuft sie in ihr Zimmer zurück und zieht sich die grünen Socken an. Nun kann es endlich losgehen.

»Wir haben jetzt ein Tier«, erzählt Lena ihren Freundinnen in der Kita. »Es wohnt in der Waschmaschine und frisst die Socken, die wir hineinwerfen.«
»Echt?«, fragt Ella. »Frisst es auch Kuchen und Brot?«
»Bestimmt«, sagt Lena. »Ich glaube, es mag eigentlich alles.«
»Ist es groß oder klein?«, fragt Carlotta.
»So mittel«, erklärt Lena. »Ich kann es nicht genau sagen, weil es sich immer versteckt. Aber nachher warte ich so lange, bis ich es gesehen habe, und dann erzähle ich es euch.«

Welche Farbe haben deine Socken?

Was hat sich Lena noch in das Badezimmer mitgebracht?

Genau das macht Lena, als sie wieder zu Hause ist. Sie will unbedingt herausfinden, wie das Sockentier aussieht. Und ob es sich vielleicht streicheln lässt. Sie legt ein großes Kissen vor die Waschmaschine und setzt sich darauf. Lena schaut dabei zu, wie sich die Wäschetrommel langsam dreht und das Wasser hin und her schwappt. Wenn das Sockentier wirklich in der Trommel lebt, müsste sie es doch irgendwann sehen, oder? Lena beobachtet, wie die nasse Wäsche nach unten fällt und dann wieder nach oben gehoben wird. Nach oben und wieder nach unten, nach oben, nach unten, nach oben …. Lena gähnt. Die Waschmaschine macht so ein eintöniges Geräusch. Lenas Augen werden ganz schwer davon.

Sie rollt sich auf dem Kissen zusammen.
Doch dann, als sie noch einmal zur
Trommel blinzelt, entdeckt sie etwas
zwischen den Sachen. Ein kleines
Tier, nicht viel größer als ihre Faust.
Es hat sehr spitze Zähne, aber freund-
liche Augen. Sein Fell ist rot, und es
sieht einer nassen Socke ziemlich ähnlich. Kein Wunder, dass es ihnen nie zuvor aufgefallen ist! Das Sockentier springt
in der Trommel herum, und dann zerkaut es
Papas Lieblingsstrumpf. Lena rückt näher an die
Trommel heran. Sie klopft gegen das Glas. »Hallo, Sockentier«, ruft
sie. »Schön, dich kennenzulernen!«

Einen Moment lang schaut das Sockentier verdutzt in ihre Rich-
tung. Dann hebt es eine kleine Pfote und winkt zurück. »Hallo,
Lena, wie geht's?«

»Gut«, sagt Lena. »Ähm, hast du meine gepunktete Socke gegessen?«

»Ich? Nöö«, sagt das Sockentier. »Punkte mag ich nicht. Aber ich
weiß, wo die Socke liegt.«

»Ach ja?«, fragt Lena. »Und wo?«

»Unter deinem Bett«, sagt das Sockentier, und mit einem Satz ist
es zwischen der Wäsche verschwunden.

»Danke – und bis zum nächsten Mal«, ruft Lena ihm hinterher.
Dann beginnt der Schleudergang – davon wird Lena wach.
Mama hockt sich neben sie. Sie legt ihren Arm um Lena.

Winke auch mal!

»Bist du eingeschlafen?«, fragt sie. »Hier vor der Waschmaschine?«

»Ja, und ich habe das Sockentier gesehen«, sagt Lena. »Es sieht ein bisschen wie meine rote Socke aus.«

»Dann bist du die Erste, die es gesehen hat«, sagt Mama und lacht.

»Ja, und es hat mir verraten, wo meine Pünktchensocke ist«, sagt Lena. Sie läuft in ihr Zimmer und krabbelt unter ihr Bett. »Ich habe sie!«, ruft Lena.

»Wirklich?«, fragt Mama, die ihr hinterhergegangen ist. »Und das hat dir wirklich das Sockentier verraten?«

»Genau«, sagt Lena. »Wenn ich mal wieder etwas nicht finden kann, weiß ich, wen ich dann frage.« Es ist nämlich super, ein Sockentier zu haben. Auch wenn es sehr viele Socken frisst.

Entdeckst du noch andere Dinge unter dem Bett oder daneben?

EIN SOCKENTIER FÜR DICH ALLEIN ...

… kann gleich bei dir einziehen. Du brauchst nur die Anleitung zu befolgen. Am besten lässt du dir dabei von einem Erwachsenen helfen.

Du brauchst:

1 einzelne Wollsocke (am besten in der Größe 37)
1 Streifen Filz (ca. 7 cm × 16 cm)
Bunte Wollfadenreste
1 Häkelnadel
1 Nähnadel
1 kleine Dose oder 1 Dosendeckel
2 große und 2 kleine Knöpfe
Nähgarn (passend zum Filzstreifen und zu den Knöpfen)
1 Nadel mit großem Öhr (wenn das Gewebe der Socke
sehr fein ist)
1 Schere

So geht's:

Runde mit der Schere die Ecken des Filzstreifens ab.
Knicke den Filzstreifen quer zur Hälfte und hefte mit Nadel und Nähgarn eine Naht an der Knickstelle fest.
Lege den geöffneten Filzstreifen mittig auf die Fußsohle der Socke.

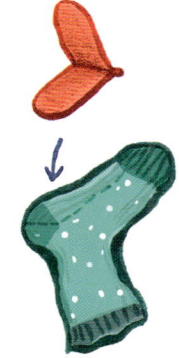

Dabei zeigt die Naht zur Fußsohle.

Befestige den Filzstreifen mit Stecknadeln und nähe ihn einmal am Rand herum auf der Sockensohle fest. (Tipp: Damit du nur durch die Sohle stichst, stecke eine kleine Dose oder einen Dosendeckel in die Socke.) Danach ist der Mund ist fertig!

Markiere mit zwei Stecknadeln die Stellen, an denen die Augen (Knöpfe) befestigt werden sollen.

Nähe die größeren Knöpfe mit einigen Stichen an. Auf die größeren Knöpfe legst du die kleineren Knöpfe und befestigst sie mit Nadel und Faden, indem du durch die Löcher stichst.

Wickle für die Haare die Wollreste um eine kleine Dose oder einen Pappstreifen. Schneide an der Kante die Wolle durch.

Oberhalb der Augen (ca. 1,5–2 cm oberhalb) befestigst du die Wollhaare. Dafür knickst du einen Haarfaden auf die Hälfte, stichst mit der Häkelnadel von oben in die Socke ein und führst die Häkelnadel eine Masche daneben wieder heraus. Führe das Fadenende durch die Schlinge und ziehe den Wollfaden fest.

Wenn dein Sockentier genug Haare hat, kannst du es frisieren, indem du die Wollhaare mit der Schere auf eine Länge bringst.

Viel Spaß mit dem Sockentier, aber pass auf deine Socken auf!

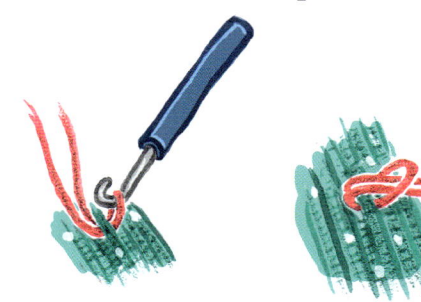

Verhexte Hexenkatzen

Xenia war eine Hexe. Sie lebte ganz allein in einem windschiefen Häuschen mitten im Wald. Ganz allein? Nicht ganz, denn sie hatte einen Kater namens Frederik, der ihr Gesellschaft leistete. Xenia verbrachte ihre Tage damit, Zaubertränke zu brauen und spannende Geschichten zu lesen. Während sie mit der einen Hand den Löffel hielt und im Kessel rührte, hielt sie sich mit der anderen ein Buch unter die Nase. Sie war sehr zufrieden mit ihrem Hexenleben. Nur manchmal wurde ihr langweilig. Dann rief sie ihren Kater herbei und hexte ihm das Sprechen an. Dazu sagte sie einen Zauberspruch, den sie per Zufall in ihrem dicken Zauberbuch entdeckt hatte:

Was würdest du einem Kater gerne anhexen?

»Eins, zwei, drei,
Wörter, eilt herbei,
müsst jetzt gar nicht zaudern,
lasst den Kater plaudern.«

Xenia unterhielt sich mit Frederik. Und wenn ihr das nicht ausreichte, lud sie ihre Freundin, die Wetterhexe Ludmilla, zum Kräutertee ein.
»Neulich hat es von morgens bis abends Bindfäden geregnet …«, erzählte Ludmilla, als sie wieder einmal bei Xenia war. Da

51

Trommele mit den Fingerspitzen auf einer Tischplatte und mach ein Regengeräusch.

räusperte sich Frederik und sagte: »Es gibt Tage, da hört es gar nicht mehr auf zu regnen, nicht wahr?« Xenia hatte ganz vergessen, ihm das Sprechen wieder abzuhexen, so wie sie es sonst immer tat.

»Dein Kater kann sprechen?«, fragte Ludmilla erstaunt.

»Das liegt daran, dass ich ihn verhext habe«, erklärte Xenia. »Wenn es mir zu viel wird, spreche ich einen Gegenzauber.«

»Interessant, interessant«, murmelte Ludmilla und nippte an ihrem Brennnesseltee.

»Na ja, so interessant auch wieder nicht«, sagte Xenia. »Frederik redet ausschließlich über das Wetter. Ich habe noch nicht herausgefunden, wie ich mit ihm über andere Themen sprechen kann.«

»Wieso denn?«, fragte Ludmilla. »Es ist doch sehr schön, über das Wetter zu reden.«

»Keine Wolke ist wie die andere«, sagte Frederik. »Es gibt Regenwolken, Schäfchenwolken, aber auch Sturmwolken und …«

»Ist ja schon gut«, unterbrach Xenia ihn.

»Das wäre eine passende Katze für mich«, sagte Ludmilla, und sie beugte sich nach vorn, um Frederik zu streicheln. Sie wohnte nämlich ebenfalls allein.

»Kann schon sein«, sagte Xenia, »aber zufälligerweise ist Frederik *mein* Kater.« Sie hob die Teekanne hoch. »Noch ein Schlückchen?«
Die beiden Hexen plauderten über dies und über das. Als es dunkel wurde, war es Zeit für Ludmilla, sich auf den Heimweg zu machen. Sie schulterte ihre große Handtasche, stieg auf den Besen und erhob sich in die Luft. Von dort winkte sie Xenia ein letztes Mal zu. Dann verschwand sie über den Wipfeln.

Xenia ging in ihr Hexenhaus. Sie war müde und wollte noch ein bisschen lesen. Vorher aber musste sie noch den Kater füttern. »Frederik?«, rief sie. »Mauz, mauz, komm, es gibt leckeres Futterlein!«
Doch Frederik tauchte nicht auf.
Xenia zuckte die Schultern. »Dann wird er wohl auf Mäusejagd gegangen sein«, sagte sie zu sich selbst, hexte sich die Zähne sauber und ging zu Bett.

Am nächsten Morgen war Frederik immer noch nicht da. Das kam Xenia allerdings merkwürdig vor. Sie durchsuchte das ganze Hexenhaus. Aber Frederik war und blieb verschwunden. Da stieg Xenia auf ihren Besen, um den Kater zu suchen. Sie flog über den ganzen Wald. Sie sah Rehe, Hasen und Mäuse, aber von Frederik erblickte sie nicht mal die Schwanzspitze. Während sie durch die Lüfte sauste, überlegte Xenia, wann sie Frederik zum letzten Mal gesehen hatte. Das war zweifellos, als Ludmilla zu Besuch gewesen war. Auf einmal fiel Xenia ein, wie ausgebeult die Tasche der Wetterhexe beim Abschied gewesen war. Das kam ihr höchst verdäch-

Hilf Ludmilla, Frederik anzulocken und rufe: »Mauz, mauz!«

Wann hast du Frederik zuletzt gesehen?

tig vor. »Ich glaube, ich weiß jetzt, wo mein Frederik steckt«, sagte sie zum Besen. Sie flog zur Hütte der Wetterhexe, lehnte den Besen an die Hauswand und sah sich nach allen Seiten um. »Frederik, mauz, mauz«, rief sie. »Bist du hier irgendwo?«

Sie klopfte an die Tür, und Ludmilla öffnete. »Ach, du bist es«, sagte sie. »Leider habe ich gar keine Zeit.«

»Es dauert nicht lange«, sagte Xenia und kam sofort zur Sache: »Hast du dir zufälligerweise meinen Kater ausgeliehen?«

»Ich? Nein«, sagte Ludmilla und machte ein erstauntes Gesicht.

Xenia schob sich an ihr vorbei in das Wohnzimmer. »Darf ich mich mal bei dir umsehen?«

»Von mir aus«, sagte Ludmilla. »Aber deinen Kater wirst du sicher nicht finden.«

»Und was ist das?«, fragte Xenia und zeigte auf eine Teekanne, die auf dem Tisch stand.

»Eine Teekanne, das siehst du doch«, antwortete Ludmilla. Xenia kniff die Augen zusammen. Ja, es war eine Teekanne, aber etwas stimmte nicht damit. Es war die Farbe. Die Teekanne war schwarz-grau getigert, genau wie Frederiks Fell.

»Ach, ich habe schrecklichen Durst«, sagte Xenia und griff nach der Teekanne. »Du gestattest doch, dass ich mir einschenke?«

»Lass mich das tun«, sagte Ludmilla, und sie versuchte, Xenia die Kanne aus der Hand zu nehmen. Doch als Xenia die Teekanne berührte, begann sie zu schnurren! Da ahnte sie, dass Ludmilla ihren Kater verzaubert hatte.

»Mir kannst du nichts vormachen«, sagte Xenia zu ihrer Freundin. »Hast du verges-

Mach ein erstauntes Gesicht.

sen, dass ich eine Hexe bin? Na los, zaubere sofort meinen Kater
zurück.« Kleinlaut tat Ludmilla, was Xenia wollte.

»Es tut mir leid«, sagte Ludmilla zerknirscht. »Aber es war so schön,
mit dem Kater über das Wetter zu reden.«

»Es ist aber trotzdem *mein* Kater«, sagte Xenia. »Und jetzt nehme
ich ihn wieder mit. Sonst bin ich ganz allein.« Sie klemmte sich
Frederik unter den Arm, stieg auf den Besen und flog nach Hause.
Doch es dauerte nicht lange, da war Frederik schon wieder verschwunden.

»Na warte, Ludmilla«, schimpfte Xenia, nachdem sie ihren Kater
vergeblich gesucht hatte. Sie dachte nämlich, dass die Wetterhexe
ihn wieder gemopst hatte. Xenia setzte sich auf den Besen und flog
zum Haus ihrer Freundin. Sie traf Ludmilla im Garten an, wo sie
verschiedene Wolkenformen zauberte.

Was glaubst du,
wo Frederik steckt?

»Ludmilla, hast du schon wieder meinen Kater?«, fragte Xenia und stemmte die Arme in die Seiten.

»Nein, habe ich nicht«, sagte Ludmilla. »Du kannst dich gern überall umsehen.« Das tat Xenia. Sie betrat die Hexenstube und rief nach Frederik. Diesmal war die Teekanne rot, und auch sonst gab es nichts Katzenähnliches in Ludmillas Haushalt.

»Also gut, ich glaube dir«, sagte Xenia zu ihrer Freundin. »Entschuldige bitte, dass ich dich zu Unrecht verdächtigt habe. Aber ich wüsste trotzdem gern, wo dieser Kater steckt.«

»Ich helfe dir bei der Suche«, sagte Ludmilla und legte tröstend die Hand auf Xenias Schulter. »Wir schauen noch einmal zusammen nach, ob Frederik nicht doch in der Nähe deines Hexenhauses ist.« Beide Hexen flogen zu Xenias Haus. Sie durchstöberten den wilden Hexengarten, guckten unter Büschen und hinauf in die Bäume. Auf einmal hob Ludmilla die Hand. »Psst, ich höre etwas«, sagte sie. Da hörte Xenia es auch. »Ein Miauen! Ob das mein Frederik ist?«

Wer wohnt in den Bäumen?

»Das werden wir gleich wissen«, sagte Ludmilla. Die Hexen stapften dem Geräusch nach durch das Unterholz und gerieten immer tiefer in den Wald. Das Miauen kam aus einem Gestrüpp. Xenia und Ludmilla mussten sich bücken, um hineinspähen zu können. »Frederik, was machst du denn hier?«, fragte Xenia. Frederik miaute zur Begrüßung. Aber er war nicht allein. Eine sehr hübsche, schwarz-weiß gefleckte Katze saß neben ihm.

Miaue wie eine Katze.

»Und wer bist du?«, fragte Xenia.

Die Katze kam auf sie zu und schmiegte sich an sie.

»Ich glaube, sie mag dich«, sagte Ludmilla.

»Ich mag sie auch«, sagte Xenia. »Ich nehme sie mit zu mir, dann kann sie bei uns wohnen.«

»Wie du meinst«, sagte Ludmilla. Sie nahm Frederik auf den Arm, während Xenia die andere Katze trug.

Als sie beim Hexenhaus angekommen waren, bedankte sich Xenia bei Ludmilla. »Ohne dich hätte ich Frederik niemals wiedergefunden«, sagte sie. »Komm uns mal wieder besuchen.«

Sprich mit Xenia
den Zauberspruch.

Ludmilla nickte und stieg auf ihren Besen. Xenia trug die neue Katze ins Haus und nannte sie Fiona. Als Erstes probierte sie bei ihr den Zauberspruch aus:

»Eins, zwei, drei,
Wörter, eilt herbei,
müsst jetzt gar nicht zaudern,
lasst die Katze plaudern.«

Da räusperte Fiona sich – und begann zu sprechen. Sie redete aber nicht über das Wetter, oh nein!. Sie erzählte wunderbare Märchen. Das war ein großes Glück! Jedenfalls für Xenia. Von nun an saß sie mit Fiona im Ohrensessel und lauschte ihren Geschichten. Nur Frederik hatte bald genug davon. Er stahl sich davon und lief zur Hexe Ludmilla. Denn mit ihr konnte er über das Wetter reden. Und wenn sich die beiden Hexenfreundinnen wieder einmal zum Teetrinken trafen, unterhielten sie sich über ihre Katzen. Und auch Frederik und Fiona plauderten gern miteinander.

VERHEXTE WÖRTERKETTEN

Manchmal spielen Xenia, Ludmilla, Frederik und Fiona dieses lustige Wörterspiel. Probiere es auch einmal aus!

Du brauchst:

Mindestens einen Mitspieler

So geht's:

Denk dir ein Doppelwort aus, zum Beispiel »Hexenhaus«. Dein Mitspieler muss nun aus dem zweiten Wortteil ein neues Wort bilden, zum Beispiel »Hausdrachen«. Du könntest daraus wiederum »Drachenzahn« machen. So geht es immer weiter. Wenn ihr Lust habt, könnt ihr euch auch eine Geschichte ausdenken, in der eure gefundenen Wörter vorkommen. Viel Spaß!

Lunas Flugstunde

Luna ist jetzt eine junge Eule mit richtigen Federn. Bis vor Kurzem war sie nur ein flauschiges Küken und musste ständig von ihren Eltern gefüttert werden. Mit jedem Tag ist sie gewachsen und größer geworden. Nun ist es an der Zeit, fliegen zu lernen. Deshalb ist sie mit ihrem Eulenpapa auf die grüne Wiese gegangen, wo der Flugunterricht stattfinden soll.

»Auf die Plätze, fertig, los!«, ruft Papa Eule. Er steht auf einem Stein und feuert Luna an. Bei »Los!« beginnt Luna, ihre Flügel zu bewegen. Aber es tut sich nichts. Luna hebt nicht ein bisschen vom Boden ab.

»Du musst die Flügel kräftiger schlagen«, ruft Papa Eule. »Und dabei hüpfen. Probiere es gleich noch mal!«

Tu auch mal so, als würdest du Flügel bewegen.

Luna nickt. Sie stellt sich in Position, schlägt die Flügel und hüpft in die Luft. Sofort landet sie wieder auf dem Boden.

»So geht das nicht.« Papa Eule schüttelt den Kopf. »Steig mal auf diesen Stein. Vielleicht brauchst du nur ein bisschen Höhenluft.«

»Wenn's sein muss«, sagt Luna. Ihr tun schon die Flügel weh. Aber gut, sie steigt auf den Stein und hüpft von dort ins Gras.

»Nicht schlecht.« Papa Eule nickt. »Du hast nur vergessen, die Flügel zu schlagen.«

Luna seufzt.

Da kommt eine Schildkröte daher.

»Hallo, Schildkröte!«, ruft Papa Eule. »Könntest du meine Tochter auf den Rücken nehmen und mit ihr loslaufen? Sie soll fliegen lernen, und es wäre toll, wenn du uns dabei helfen könntest.«

»Gern«, sagt die Schildkröte und hält ganz still, damit Luna auf ihren Panzer steigen kann. Die Schildkröte läuft los, so schnell sie kann. Luna schlägt mit den Flügeln und springt ab. Aber sie plumpst wieder nur in das Gras.

»Ich fürchte, du bist zu langsam, Schildkröte«, sagt Papa Eule.

Glaubst du, Schildkröten sind besonders schnell?

Da kommt der Dachs vorbei.

»Hallo, Dachs«, ruft Papa Eule. »Kannst du uns helfen? Luna soll fliegen lernen.«

»Aber gern«, sagt der Dachs. »Was soll ich tun?«

»Kannst du die Schildkröte auf deinen Rücken nehmen?«, fragt Papa Eule. »Danach könnte Luna auf den Schildkrötenpanzer steigen. Dann läufst du schnell los. Und wenn Luna runterspringt, fliegt sie.«

»Gute Idee!«, sagt der Dachs, und er hält ganz still, während die Schildkröte auf seinen Rücken steigt und Luna auf den Schildkrötenpanzer.

Lass ein Kuscheltier auf deinem Rücken sitzen.

Entdeckst du
die Eulenmama?

»Achtung, fertig, los!«, ruft Papa Eule. Der Dachs trabt los. Er ist viel schneller als die Schildkröte. Luna bewegt ihre Flügel und springt. Aber auch diesmal landet sie nur wieder auf dem Boden, sie fliegt keinen Zentimeter weit.

»Das lerne ich nie«, sagt Luna und schüttelt den Kopf. Da kommt das Reh daher.

»Schön, dass du da bist, Reh!«, ruft Papa Eule. »Luna soll fliegen lernen, kannst du uns helfen?« Er erklärte dem Reh, was es tun soll. Das Reh lässt erst den Dachs aufsteigen, dann die Schildkröte und schließlich Luna.

»Puh, ganz schön hoch hier oben!«, sagt Luna und krallt sich am Schildkrötenpanzer fest. Das Reh trabt los. Da kommt der Tiger vorbei.

»Hallo, Tiger!«, ruft Papa Eule. »Super, dass du da bist!« Und er will ihm schon erklären, was er tun kann, damit Luna das Fliegen lernt. Aber als das Reh den Tiger sieht, läuft es los. Es rennt, so schnell es kann. So schnell, dass erst der Dachs von seinem Rücken purzelt, dann die Schildkröte und schließlich auch Luna. »Hiiilfee!«, ruft sie.

»Flügel bewegen!«, ruft Papa Eule ihr zu. Das tut Luna. Und da passiert es. Luna fällt nicht mehr. Luna fliegt.

Weißt du, weshalb das Reh wegläuft?

HÜPFSPIEL – NICHT NUR FÜR EULEN

Dieses Hüpfspiel macht auch Spaß, wenn du nicht fliegen lernen willst. Probiere es aus!

Du brauchst:

Ein Stück Straßenkreide
Einen Mitspieler

So geht's:

Male das Schneckenhaus mit der Straßenkreide auf das Hofpflaster oder eine andere freie Fläche.

Wenn du der erste Spieler bist, wirf den Stein auf das Feld Nummer 1.

Hüpfe auf dem rechten Bein direkt auf dieses Feld. Schiebe mit der anderen Fußspitze den Stein auf das nächste Feld.

So machst du es Feld für Feld weiter.

Aber aufgepasst: Wenn du auf eine Linie trittst, musst du ausscheiden, und der nächste Spieler ist an der Reihe.

Wenn dieser Spieler ebenfalls ausscheidet, bis du wieder dran. Du machst bei dem Feld weiter, bei dem du ausgeschieden bist.

Wer zuerst das Feld in der Mitte des Schneckenhauses erreicht, hat gewonnen!

Marlons Lamm

Fallen dir Tiere ein, die auf dem Bauernhof leben?

Marlon hat zwar kein eigenes Haustier, dafür aber eine Tante, die auf einem Bauernhof wohnt. Auch in diesen Osterferien fährt er wieder zu ihr. Es ist so gemütlich, mit Tante Katja in der Küche des alten Bauernhofs zu sitzen und Kakao zu trinken, während vor dem Fenster die Hühner gackern. »Ich will noch mal nach den Schafen auf der Weide schauen«, sagt Katja, nachdem sie ausgetrunken hat. »Kommst du mit, Marlon?«

»Klar«, sagt Marlon. Er rutscht vom Stuhl, zieht sich den Anorak an und schlüpft in die Gummistiefel. Draußen ist es frisch, und es

regnet ein bisschen. Marlon zieht sich die Mütze tief ins Gesicht. Als sie zur Weide kommen, blöken die Schafe zur Begrüßung und kommen zum Gatter gelaufen. Marlon versteckt sich ein bisschen hinter Katja, denn es sind ganz schön viele Schafe. Katja kippt etwas Trockenfutter in den Trog, und jedes Schaf versucht, den besten Platz zu bekommen. »Hilfst du mir beim Zählen, Marlon?«, fragt Katja. Marlon nickt. »Vier, fünf, sechs, sieben, acht, neun …«, zählen sie, und dabei zeigen sie auf jedes Schaf, das sie gezählt haben. Bei dem neunzehnten Schaf hören sie auf. »Nanu, wo ist denn das letzte Schaf?«, fragt Katja. »Es müssten doch eigentlich zwanzig sein.« Noch einmal zählen sie zusammen die Herde. Doch es sind wieder nur neunzehn Schafe.

»Wir müssen mal nachsehen, wo das letzte Schaf geblieben ist«, sagt Katja und nimmt Marlon an die Hand. Zusammen stapfen sie über

Blöke auch mal wie ein Schaf.

Kannst du beim Zählen helfen? Tippe jedes Schaf, das du siehst, an.

die Wiese. Sie führt hügelab und ist ganz schön groß. Am Ende der Wiese stehen ein paar Sträucher. »Ich glaube, ich sehe es«, sagt Marlon. Tatsächlich, da ist etwas Weißes. Doch dann gibt es eine Überraschung: Direkt neben dem großen Schaf ist ein ganz kleines. Auf wackeligen Beinen steht es neben seiner Mama und versucht zu trinken. »Das Lamm ist gerade erst geboren worden«, sagt Katja. »Darf ich es streicheln?«, fragt Marlon.

»Gleich, wir bringen es erst in den trockenen Stall«, erklärt Katja. Sie hebt es vorsichtig hoch und trägt es über die Wiese zurück zum Bauernhof. Die Schafmamma trottet neben Katja her. Sie will ihr kleines Lamm nicht aus den Augen lassen. Noch nie hat Marlon so etwas Niedliches gesehen. Er öffnet das Gatter und die Stalltür. Gemeinsam reiben sie das Lamm mit ein bisschen Stroh ab, sein Fell ist ganz feucht vom Regen. Jetzt darf er es endlich streicheln.

Am nächsten Morgen will Marlon gleich nach dem Aufwachen das Lämmlein besuchen. Noch nie hat er sich so schnell angezogen. Als er in den Schafstall kommt, ist Katja schon da. »Guten Morgen, Marlon«, sagt sie. »Hast du Lust, das Lamm zu füttern? Die Mama ist ein bisschen krank und kann keine Milch geben, deshalb müssen wir das jetzt tun.« Marlon nickt. Katja überreicht ihm eine Nuckel-

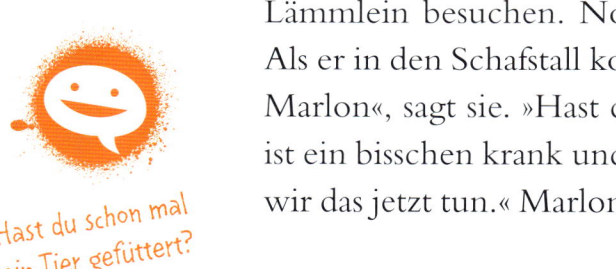

Hast du schon mal ein Tier gefüttert?

flasche mit Milch. Marlon betritt den Stall und hält dem Lamm die Flasche vor das Maul. Das Lamm 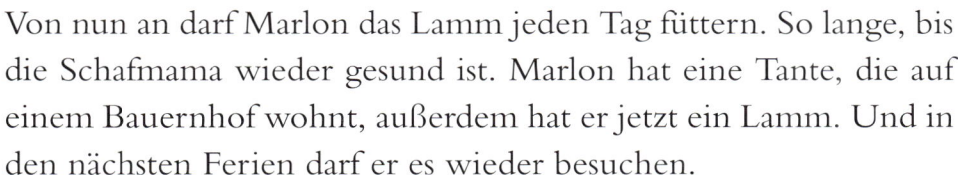 schnuppert ein bisschen daran, dann begreift es, dass es aus der Flasche trinken kann.

Von nun an darf Marlon das Lamm jeden Tag füttern. So lange, bis die Schafmama wieder gesund ist. Marlon hat eine Tante, die auf einem Bauernhof wohnt, außerdem hat er jetzt ein Lamm. Und in den nächsten Ferien darf er es wieder besuchen.

Schnuppere auch mal.

FINDET DIE TIERKINDER

Oje, bei diesem Spiel haben sich ganz viele Tiere verlaufen. Aber keine Sorge, wenn sie sich gegenseitig in ihrer Tiersprache suchen, finden sie sich schnell wieder. Das Spiel kannst du auch mit ganz vielen Kindern auf einem Geburtstag oder in der Kita spielen.

Du brauchst:
Mindestens 6 Mitspieler
Eine Spielleitung

So geht's:
Die Spielleitung flüstert den Spielern zu, welches Tier sie sind. Es müssen aber Tiere sein, die durch ihre Laute nachgemacht werden können (z. B. Schafe, Hunde, Katzen, Hühner). Mindestens zwei Spieler müssen das gleiche Tier sein.

Dann laufen alle Tiere wild durcheinander. So lange, bis die Spielleitung das Licht ausmacht. Alle Tiere rufen sich nun in ihrer Tiersprache. Welche finden zuerst zueinander?

Mathilda und das besondere Haustier

Mathilda wünschte sich ein Haustier. Aber nicht irgendeins. Da sie eine Prinzessin war, musste es schon etwas Besonderes sein. »Ich wünsche mir einen Dinosaurier!«, sagte sie zu ihrem Vater, dem König.

»Ausgeschlossen, mein Kind«, antwortete er. »Wie du weißt, sind Dinosaurier längst ausgestorben. Du könntest ein Chamäleon bekommen. Sie sehen den Dinos ein bisschen ähnlich.«

»Phh, die sind doch viel zu klein«, sagte Mathilda. »Außerdem kann man auf denen nicht reiten.«

»Zum Reiten hast du dein Pony«, sagte die Königin. »Es steht im königlichen Stall.«

»Alle reiten auf Ponys«, sagte Mathilda. »Dann möchte ich lieber fliegen.«

»Dafür haben wir unseren Heißluftballon«, erklärte der König.

»Wir könnten einen Ausflug machen, was hältst du davon?«

»Ist gut«, sagte Mathilda.

Der König ließ alles vorbereiten, und kurz darauf schwebte

Hast du schon mal ein Chamäleon gesehen?

Wie viele Tiere entdeckst du?

die Königsfamilie im Ballon hoch hinauf. Von oben blickten sie hinunter auf ihr Reich, und alle Häuser, Menschen, Tiere und Bäume sahen so winzig wie Spielzeug aus. »Hach, nichts geht über eine gemächliche Ballonfahrt«, schwärmte die Königin und beugte sich über den Rand des Korbes.

»Gemächlich, du sagst es«, sagte der König und schaute zur Uhr. »Wir müssten nämlich zum abendlichen Bankett wieder im Schloss sein.«

»Daraus wird wohl nichts«, erwiderte die Königin. »Einen Ballon kann man zwar steigen und sinken lassen, aber die Geschwindigkeit bestimmt nur der Wind.«

»Oje«, seufzte Mathilda. »Das kann ja noch Stunden dauern.«

»Keineswegs«, sagte der König. »Wir werden einfach landen. Irgendjemand wird uns schon finden und zum Schloss

zurückbringen.« Er ließ den Ballon absinken, und mit einem Rums setzte der Korb auf der Erde auf.

»Wo sind wir hier?«, fragte Mathilda und sah sich um. Weit und breit war kein Haus zu sehen. Nur eine Wiese, die von knorrigen Eichen umringt war. Sie stieg aus dem Korb, raffte ihren Rock und stapfte auf die Bäume zu. Vor einer Baumwurzel lag nämlich etwas großes Rundes, das geheimnisvoll schimmerte.

»Das ist ja ein Ei!«, rief Mathilda und hob es vorsichtig hoch. Es war das größte Ei, das sie jemals gesehen hatte. Und als sie es an ihr Ohr hob, hörte sie etwas im Inneren rumoren. Deshalb nahm sie es mit.

»Was hast du denn da gefunden?«, fragte der König. »Etwa ein Vogelei?«

»Ich weiß es nicht genau«, sagte Mathilda. »Darf ich es behalten?« Der König und die Königin waren einverstanden. Sie hatten im Moment auch andere Sorgen. »Hier wohnt kein Mensch«, stellte der König fest. »Wie kommen wir hier bloß wieder weg?«

Stapfe einmal fest auf.

Was glaubst du, was in dem Ei ist?

Was ist im Picknickkorb?

Nicke auch mal und fauche wie ein Drache.

»Zu Fuß«, sagte die Königin. »Aber vorher stärken wir uns.« Sie hob den Picknickkorb aus dem Ballon.

Mathilda setzte das Ei vorsichtig ab, und nahm sich eine Pastete. Da passierte es. *Knick, knack*, machte das Ei, die Schale zerbrach, und ein seltsames Wesen streckte seine Nase heraus. Mathilda traute ihren Augen nicht.

»Du siehst ja aus wie ein Drache«, sagte sie.

Der Drache nickte und schüttelte die Schalen ab.

»Hast du Hunger?«, fragte die Königin und reichte ihm etwas Gebäck. Der Drache fraß alles auf, bis auf den letzten Krümel. Dann streckte er seine Flügel aus und beugte die Knie. Da stieg die Königsfamilie auf seinen Rücken. Sie waren so schnell im Schloss, dass sie nur wenig zu spät kamen. Der König war sehr erfreut und erwog, auf Reisen öfter den Drachen zu nehmen. Vorher würde er aber Mathilda fragen, denn ihr gehörte der Drache jetzt.

Der wirklich ein ganz besonderes Haustier war.

HAUSTIERGALERIE

Du möchtest auch ein ganz besonderes Haustier haben? Mit diesem Malspiel bekommst du es!

Du brauchst:
Papier
Einen Stift
Mindestens einen Mitspieler

Spielanleitung:
Jeder Mitspieler erhält ein Blatt Papier. Im oberen Bereich des Papiers malt jeder einen Tierkopf, ohne dass die anderen dabei zusehen können. Dann wird das Papier so nach hinten gefaltet, dass der Tierkopf nicht mehr zu sehen ist. Jetzt reicht ihr reihum euer Blatt an den rechten Nachbarn weiter. Als Nächstes malt ihr einen Tierhals, faltet das Papier um und gebt es weiter. So folgen der Bauch mit Beinen und die Pfoten oder Tatzen.
Wenn ihr fertig seid, faltet ihr das Papier auseinander. Wetten, jeder von euch hält ein sehr besonderes Haustier in den Händen?

10 Tipps zum Vorlesen

1. Es sich gemütlich machen. Schaffen Sie für sich und Ihren kleinen Zuhörer eine entspannte Situation. Bauen Sie zum Beispiel eine eigene Kuschelecke mit Decken, Kuscheltieren und ganz vielen Kissen.

2. Vorlesen als Ritual. Rituale vermitteln Kindern Sicherheit, Struktur und Geborgenheit. Machen Sie das Vorlesen zu einem Wohlfühlritual – die Tageszeit ist dabei ganz egal. Wichtig ist aber, dass das Ritual ernst genommen und eingehalten wird.

3. Noch eine Geschichte! Lassen Sie ruhig mal Ihr Kind eine Geschichte aussuchen. Die kleinen Bilder im Inhaltsverzeichnis helfen ihm dabei.

4. Noch mal! Auch wenn Abwechslung wichtig ist: Kinder lieben Wiederholungen. Sie hören ihre Lieblingsgeschichte gerne ein drittes, viertes oder fünftes Mal.

5. Haben Sie Spaß beim Vorlesen. Und Mut zur Schauspielerei. Lassen Sie den grimmigen Riesen mit tiefer Stimme grollen und schimpfen. Das Mäuschen kann hoch und ängstlich sprechen und die Schlange sanft und schmeichelnd. Ein paar Patzer sind da überhaupt nicht schlimm.

6. Vorlesen heißt, sich Zeit zu nehmen. Lesen Sie den Text in Ruhe vor und machen Sie Pausen. Dann kann Ihr Kind nachfragen, wenn es etwas nicht versteht. Die roten Fragen am Rand bieten Gesprächsanlässe und regen Ihr Kind an, eigene Gedanken zu äußern.

7. Mehr als Zuhören. Beziehen Sie Ihr Kind immer wieder spielerisch in die Geschichte ein. Vielleicht kann es der Hexe bei ihrem Zauberspruch helfen oder den Ritter bei seinem Wettrennen anfeuern. Die grünen Ideen am Rand zeigen Ihnen, an welchen Stellen der Geschichte Ihr Kind mitmachen kann.

Biografien

8. **Kein Vorlesen ohne Bilder.** Schauen Sie sich beim Vorlesen gemeinsam mit Ihrem Kind die vielen tollen Bilder an. Oft gibt es noch etwas Spannendes zu entdecken. Die blauen Fragen verraten Ihnen, wo.

9. **Im Gespräch bleiben.** Mit dem Zuklappen des Buchdeckels muss das Vorlesen nicht vorbei sein. Sprechen Sie mit Ihrem Kind über das Gelesene. Wie fühlen sich wohl die Figuren aus dem Buch? Hat Ihr Kind schon einmal eine ähnliche Situation erlebt?

10. **Eine Geschichte kann noch mehr!** Denken Sie sich zusammen mit Ihrem Kind doch mal ein ganz anderes Ende für die Geschichte aus, oder lassen Sie es ein Bild von der hübschen Prinzessin malen. Zu jeder Geschichte finden Sie dazu eine passende Aktionsidee zum Basteln, Malen, Kochen oder Spielen.

Maren von Klitzing wurde in Hamburg geboren. Sie hat als Redakteurin für ein Kinder-Umweltmagazin gearbeitet und schreibt seit 2001 Bücher für Kinder und Jugendliche. Mit ihrer Familie lebt sie in Hamburg.

Ina Worms wuchs in Wormersdorf bei Bonn auf. Studiert hat sie dann Kommunikationsdesign in Trier und Krakau. Seit 2011 lebt sie als freiberufliche Illustratorin in Köln und bereut kein Stück nicht doch berühmte Tänzerin geworden zu sein.